AF607165

LO ANIMAL SI POEMA
Poemas

VERÓNICA JAFFÉ

LO ANIMAL SI POEMA

Poemas

XXV Premio Casa de América de Poesía Americana

VISOR LIBROS

VOLUMEN MCCXCVIII DE LA COLECCIÓN VISOR DE POESÍA

Un jurado compuesto por Andrea Cote, Jesús García Sánchez, Benjamín Prado y Javier Serena, presidido por León de la Torre Krais y actuando como secretaria Anna María Rodríguez, concedió a este libro el XXV Premio Casa de América de Poesía Americana.

Ilustración de cubierta: Verónica Jaffé

© Verónica Jaffé

© VISOR LIBROS
Isaac Peral, 18 - 28015 Madrid
www.visor-libros.com

ISBN: 979-13-87745-98-1
Depósito Legal: M-2725-2026

Impreso en España - Printed in Spain
Gráficas Muriel. C/ Investigación, n.º 9. P. I. Los Olivos - 28906 Getafe (Madrid)

Cualquier forma de reproducción, distribución, comunicación pública o transformación de esta obra solo puede ser realizada con la autorización de sus titulares, salvo excepción prevista por la ley. Diríjase a CEDRO (Centro Español de Derechos Reprográficos) si necesita fotocopiar o escanear algún fragmento de esta obra (http://www.conlicencia.com; 91 702 19 70 / 93 272 04 47)

Nada más miserable que el ser humano entre todo lo que respira y camina sobre la tierra.

Homero

Solo ante las figuras y voces animales podemos seguir siendo realmente humanos.

Elías Canetti

Ya no nos contamos entre los animales. Quién dejará de contarse entre nosotros.

Wislawa Szymborska

En cierto sentido, de un extraño modo, yo diría que el poeta y el animal son mudos.

Olvido García Valdés

PORQUE NI ÉTICA NI DECENTE

Pareciera que lo que una desea del arte es lo mismo que también es necesario para su creación, una concentración olvidada de sí misma y perfectamente inútil. (En ese sentido siempre es un 'escape', ¿no crees?).

Elizabeth Bishop

Porque ni ética ni decente,
porque no política suficiente,
¿por eso me decías y decías:
no escribas poesía?

Querida Anita, haces tanta falta.
Pero no he podido
seguir tu consejo.

Quizás porque cuando comencé más en serio,
lo hice leyendo a la Bishop
(nacida un 8 de febrero) y cito:
Poetry has got to be true.
Poesía debe ser real, genuina y verdadera.

O por escapar simplemente,
a lo olvidado de mí, mínimo animal,
inútil, suficiente.

LA LEONA SOLA

El ser humano no es ni ángel ni bestia y la desgracia es que cuando quiere hacerse angélico se hace bestia.

BLAISE PASCAL

Corremos sin pensar hacia el abismo después de haber puesto cosas delante de él que nos impiden verlo.

También PASCAL

Un escritor francés, leí recién, fabula ser autoridad moral.
Pensé en la leona sola que vimos tan cerca. Más hermosa.

Al primer zarpazo hubiera podido destruir
cualquier fabulación, autoridad alguna.

Hemos perdido nuestro lugar en la cadena alimentaria.
Nos resta la dudosa moral de la extinción de las especies.

DECIR ERIZO, COMO DERRIDA, TERRENO

El erizo está ahí para representar la materialidad humilde,
tierra a tierra, del poema y velar sobre una respuesta
preocupada por escapar de las heideggerianas recuperaciones
ontológicas de lo poético.

Elisabeth de Fontenay

Decir erizo, como Derrida, terreno,
para definir poema,
es metáfora, ciertamente,
es decir, literatura.

Decir que al poema lo aplastan en la calle,
ovillado, con las espinas hacia afuera
cual preguntas,
ciego ante la muerte, polifemo,
es volver a lo real, por lo pequeño.

Decir erizo poema es oír en lo indecible
lo hermano.

Mi erizo fue hace tiempo pereza,
país, metáfora, atropellada.

QUÉ NO SE HA DICHO DEL SILENCIO DE LOS ANIMALES

...perros sin hogar, delgados como filósofos, entienden todo y ladran y ladran.

Ilya Kaminsky

Qué no se ha dicho del silencio de los animales.
Que si la distancia o superior razón
o también signo del exilio humano.

Sea signo o distancia, migración,
¿es traducible la crueldad de lo humano?

¿Merecemos la expulsión del paraíso,
lo locuaz de lo ansioso, o guardamos mejor
nuestro propio silencio?

Quizás. Puesto que «toda lengua tiene su propio silencio»,
al decir de Canetti. Aunque recién leí
que son como perros de calle

los sabios y por eso
ladran y ladran y nunca
los han tomado muy en serio:

POEMA POLAR

Nada más animal
que una conciencia limpia
en el tercer planeta del Sol.
WISLAWA SZYMBORSKA

En el dos mil cien, dicen,
los grandes blancos, estarán extintos:
los osos polares.

No estaré, claro.
¿Por eso inane en cartón pintado
intento borrar humanas culpas?

¿Por eso estas vanas escrituras, versos,
figuras, morsas o narvales?
Pero poemas no son perdones,

y quizás habría sido mejor dejar esto
como el poema de la gran
Szymborska,

dejar que se «escapara sin ser escrito,
feliz y susurrando
algo para sí».

DOLOR DE PIE

...quien
no habla para que la voz no
diga, dentro del animal la voz.
Olvido García Valdés

Dolor de pie
dolor animal
¿es allí dentro
mar profundo

en el hueso partido
donde está tu origen
alma sin nombre
sin palabra?

¿QUÉ PASA CUANDO PIERDO LA ESPERANZA...?

Heredamos la esperanza,
don del olvido.

WISLAWA SZYMBORSKA

¿Qué pasa cuando pierdo la esperanza,
y quedo rala,

silente en la silla manchada
de pintura?

¿Será este silencio siempre
desesperanza?

Al rato pasa un pájaro afuera,
detrás de la ventana.

NADA SÉ DE CANTOS DE CULEBRA SIBILINA

No sé si la serpiente tiene rostro.
No puedo responder a esa pregunta.
EMMANUEL LEVINAS

Nada sé de cantos de culebra sibilina,
de silbidos serpentinos.

Sin embargo,
las escamas que admiraba
en combinaciones de colores
de la anaconda en casa

me abrían figuras silentes
de recelosa incertidumbre
y desconfianza
y duda necesaria
entre verso y verso.

Cuidado:
también lo admirable
es alarmante.

PELUCHES

La «monarquía del miedo»
en lo infante, razona Martha
Nussbaum, es la que nos
hace tan vulnerables.

Y recuerdas tú: arrullos, poemas: de niños
dormimos abrazados a perros o elefantes
es decir, a seres otros —vitales, más valientes—
aunque fueran figuraciones.

¿No fue también lección
primera en política,
filosofía?

Animales, dices. ¿Qué quieres decir?
Todo lo vivo que amas
porque no lo comprendes,
apunta Canetti.

¿UN POEMA PUEDE SER UN PERRO BRAVO?

¿Un poema puede ser un perro bravo?
¿Mordería las lindas melodías,
ladraría a la dulce rima,
al verso amable?

Perro bravo adentro gruñe,
el país le recuerda el garrote,
poema adentro gime,
enmudece.

¿O PÁJARO O ROSA…?

¿O pájaro o rosa —
o verso que recuerde a Dickinson —
o trébol o abeja —

o vínculo con otra memoria?
¡Qué pretensión en este arte:
no por misterio

se escriba un poema!
Quizás por pájaro,
resto de rosa!

Aunque tampoco. Hoy ni trébol ni abeja.
Pero sí piedra escollo - *Stolperstein*
en el cínico camino.

LENGUAS DE OTROS

I

¿Deberíamos buscar un lenguaje del miedo,
para vocear pánico o prudencia?

¿Precisamos de la precaución de suricatos
en el desierto para ello?

Habría que aceptar la aridez primero —
pues el tiempo de arena ha llegado,
el que seca palabras, pensamientos —

y luego tragarse como ellos
el escorpión más ponzoñoso.

II

Otro idioma podría ser el de las ballenas.
Ya quedan pocas.

Es una lengua con chasquidos,
como las khoisan,

donde el tono grave es espaciado,
acentuando los silencios, por lo cual

se oiría a grandes distancias o milenios
en los antiguos mares o desiertos.

AQUÍ

Aquí
reúno recuerdos que ya no… ya solo en confusión
me dicen de amables rimas,

conejos, ardillas o venados:

versos que van de lo poco que queda
en sueño o vigilia

a mi país pasado.

NOTICIAS O GRAFÍAS

Biológicamente hablando el amor y el odio intensos no son opuestos.
Lo opuesto de cada uno es la indiferencia.

ROBERT SAPOLSKY

Para cambiar de tema y relegar las noticias del día
pensé en la indiferencia.

Imaginé el grosor de la piel, la cara dura
y la viga en los ojos.

Dioses orientales, o sagrados animales,
sugerían feliz abulia, pero

colmillos tiene mi temor, mi dudosa animalía,
me vacila el pulso y no oculta la débil grafía,

lo carbonoso que enmarca y soporta la diferencia
entre su piel y la mía.

PARA UN GATO MUERTO EN LONDRES

La poesía es un gato muerto… No se puede imaginar una presencia más ausente, una grandeza más humilde, un terror más tierno.

MIRCEA CĂRTĂRESCU

Algo sobre lo tenue infante
del alma
y su peso
escribe silencio.

O más bien fragilidad
animal el alma
recuerda
su ronroneo.

Leído años después,
quizás esta sea su mejor coda:

PANDA, PANGOLÍN, ARMADILLO, CACHICAMO

Tan hermoso, remedo, un sueño.
El fuego desciende, punzante chillido
y pánico, y un débil puño acorazado
se cierra ignorante contra el cielo.

ELIZABETH BISHOP. *El armadillo*

Too pretty, dreamlike mimicry!
O falling fire and piercing cry
and panic, and a weak mailed fist
clenched ignorant against the sky!

¿Por culpa de pandemias o pantanos?
No niña, sería antes.
Secos van quedando. Pasan.
Sola tú y tus palabras silvestres,
siquiera piedras del camino.

Nunca he visto un pangolín,
cachicamo, puercoespín, mapache,
rata de bambú,
y pocos poemas he leído traducidos
del chino mandarín.

Una vez salí espantada de un mercado de animales vivos en Da Nang, ¿o fue en Chengdu? famosa por el parque que produce pandas para políticas como pantanos.
¿Mejor rimar piedras con viajes, con caminos?

No. Piedra, palabra,
tú aquí conmigo,
admirando ambas el vuelo
rayo del verso vampiro citando otro,
más hermoso, aterrado armadillo:

PERO AQUÍ

...la caricia que espera un perro desde siempre,
la caricia tranquila del callado...

JUAN RAMÓN JIMÉNEZ. *Animal de fondo*

Pero aquí:
ni animal ni fondo,
fondo oscuro,
mala sombra,
forma informe,
poca poesía
hacia cartones
fragmentada
y soledad huía.

Pero entonces,
súbitamente:
una gata, y otra,
buscan cercanía,
una caricia:
regresas con ellas:
su sosiego hermosura,
vida compartida,
valía.

EL PEQUEÑO GECKO

El pequeño gecko
que el gato mató anoche
también tiene cinco dedos.
No por ello es portento su muerte.
Resisto el quedo lamento y claro:
en poesía, repito con Hölder,
es mejor cometa que profeta.

Y sin embargo.
Es tan hermoso el dibujo
gris verde parduzco,
la mínima piel,
sin desperdicio:
pasajera, efímera y cometa
es su profecía.

DOS O TRES ASUNTOS QUISE PONDERAR

Dos o tres asuntos quise ponderar,
y a estos lienzos inquirir por sus poemas.

Figuraban: un león, quizás leopardo y un rinoceronte.
Eso fue en un blanco país anterior.

Ahora, ¡qué extraño!
un solitario elefante los suple.

No dice lo mismo ni tiene el mismo sentido,
pero igual no estará en un futuro.

Primero fueron los dioses,
ahora son los animales.

¿Y pronto serán los versos
y lienzos figurantes?

Antes, que sean recordadas
por hermosas

metáforas jirafas, cebras
y otras formas migrantes.

TANGANICA NGORONGORO

Solo todo aquello que no es un ser humano no contribuye a nuestra nada.

Julia Usera

En estas dos cebras viste

una forma de abstracción
figurada,
un blanco y negro,
con pardo matizada.

Mira: matiz y figura
llevada hasta el principio
hace de la belleza
lo casi extinto y

animal y humano.

CON EL ORYX SOLITARIO UN MEDIODÍA EN EL KALAHARI

Con el oryx solitario un mediodía en el Kalahari,
frente a la laguna seca,

la cifra y el calor hirviente sugerían
sentidos incongruentes:

luz blanca, blanco desierto, enceguecido.
Y sin embargo, marca su figura

gris parda, negra línea del pecho, cornamenta,
tintinea la ilusión de la ajena armonía perdida.

AL VACÍO, AL VASO, A VASIJAS ROTAS

Al vacío, al vaso, a vasijas rotas,
trozos de culpa en velo,
que esconde el animal espanto
de lo extinto como imagen,

se opone el blanco:
es lo contrario,
contiene lo abierto, ojos,
fluido silencio.

ORDENANDO EL SUELO BAJO LOS PIES DISTINGO ALFOMBRAS

Ordenando el suelo bajo los pies distingo alfombras,
unas de verdad y otras de mentira.
Da lo mismo, me digo.
Y callo.
Bajo mis alfombras están las piedras
que dibujan dudas de un desorden más duro,
más terminal.
Feroces insectos.

Y por lo demás,
«No entrarás —dice la piedra—
te falta el sentido de ser parte»,
supo Szymborska.

«LAS ARAÑAS ADORAN A LOS NIÑOS»

«Las arañas adoran a los niños»,
dijo mi hermano.

Cuando entré al túnel y vi sus dos patas alzadas,
no entendí:

«No es un gesto de adoración, ni saludo».
La postura me aterró.

Afuera recibí una sonrisa. Intuí:
El terror es compartido.

Hermanados,
entre los tres lo habíamos sentido.

Y hoy sé:
No por asonante es menos mentira

la ilusión de armonía
entre familias o especies.

EN LA BOCA DEL LOBO

En la boca del lobo
estaría la oscuridad total,
cruel dictadura. Cito.
No recuerdo de dónde.

Pero hay matices. Claro.
En lo más negro,
en lo más ciego y blanco,
dice Blanca Varela
del verano,
hasta ser solo luz, solo sombra,

todos, lobos, noches y veranos,
bocas, citas, dictaduras,
verso, voz, o poemas,
parecen
sombra animal
de palabras.

SUEÑO Y CERCADO

Un muerto no muerto,
un animal gris
de muy largo cuerpo,

un miedo no miedo,
un escarabajo
de miles de patas

me acosaban.
Pero el escondite detrás del cercado
que ofrecía un tímido verso

fue suficiente.
Al menos
por un tiempo.

QUEDO O CALLADO

Quedo o callado
o en voz baja

me pongo a escribir
con más sosiego.

Es que a los gritos
mis topos internos

se ocultan: no todo
es teatro del ego.

¿PARA SACAR LAS RABIAS…?

¿Para sacar las rabias
sin abrir mucho la boca,

mostrar los dientes
de alma al diario horror y

que no salga pestilente
un poema o siquiera

hacer como blanquinegro
mapurite?

Tú, poema, insiste,
mofeta,

persistente sigue
con tu cometido.

QUE LA RABIA ESTUVIESE TAN CERCA

El resentimiento es como beber un veneno y esperar que mate a tu enemigo.

NELSON MANDELA

Que la rabia estuviese tan cerca
del miedo

no es que no se supiera,
claro.

Pero cuando grité hace poco
no sabía si era

por la furia o por ese
espanto

que oigo en mi animal
adentro.

SI DEBE ESCRIBIRSE POCO Y CON POCAS EMOCIONES

Si debe escribirse poco y con pocas emociones,
¿la traducción se haría más fácil?

Si con el viaje, dicen, se migra alma, se cortan ancestros,
¿a dónde se va sin viento en las velas?

¿Y yo, he de articular en lenguas lejanas
malestar migrante, desconcierto en palabra?

Pero este río misericorde siempre fluye.
Dejará atrás los ¡ay! tan agudos gritos

de mis íntimas gaviotas.

TRATO DE IMAGINAR

Trato de imaginar lo que
de jirafa o elefante llevo dentro de mí,
pero ambos, ciertamente, me son extraños.

Luego recuerdo cuando dormía
con una pequeña elefanta de tela
para acompañar las pesadillas.

A dos jirafas no hace tanto
parsimoniosas las vi
junto a una acacia en la sabana.

Antes o ahora, no ubico bien tiempos.
Ni aquí ni en la infancia, pero
por consuelo o por constancia,

con ese mirar animal en mente,
que aprendí de mis maestros,
me siento liviana y me imagino
parte y cercana.

OJALÁ QUE ESPIGAS, HORMIGAS

Ojalá que espigas, hormigas
aunque sea de pocos granos,
midan este espesor
y la pena.

Ojalá algo se preserve
en sus antenas y semillas,
que con sol y lluvia aligere
mi sombra

presente, pasada y futura.

LABRADORES ADENTRO

Tener cerca dos palabras
como dos grandes perros
labradores,
uno blanco otro negro,

calma un rato. Luego
el frío de la quebrada
adentro
se hace sentir

y me recuerda
que ya no quedan
perros
en esta casa.

¿ES ALMA UN ANIMAL ATERRADOR O ES LO ATERRADO?

¿Es alma un animal aterrador o es lo aterrado?
¿Y su contrario?
Dicen que es serena calma de un cuerpo o mente en
reposo,
cuando ni alma ni mente ni cuerpo sabrían de contrarios.

Yo lo asocio con un perro pastor
que envenenaron los inquilinos cuando dejaron nuestra
casa
al regresar del año
que estuvimos en el extranjero.

COMO UN SER PELUDO Y VIVAZ

Como un ser peludo y vivaz,
un poema tampoco es que nos defina.

Pero cuando en atento silencio
se planta ante una amenaza,

un David ante un Goliat,
es su corazón coraje

que quisiera traducir al menos
a un solo verso

libre,

valiente.

CHIGÜIROS CHIGÜIRES

Chigüiros chigüires
capibaras muy a lo lejos
jardín de llano, sabana infancia
apenas recordada.

Mas lo tuyo fueron conejos
y un picure llamado Torpedo.
De él aprendiste
un repentino correr
un espanto creatura,
apenas nombrable.

«Escribe», te ordenó luego Elizabeth Bishop,
que ni espantos ni huidas son siempre un desastre.

SEIS O SIETE PÁJAROS SILVESTRES POR PERSONA AUN HABRÍA

Seis o siete pájaros silvestres por persona aun habría,
es decir, cuarenta y tantos billones para los ¿siete y pico?
que somos.

Acá tengo seis guardianes tropicales,
como decía Canetti que tenía, en vez de un ángel,

para cuidar fragmentos de verso o cálida memoria:
loro verde, guacamaya, colibrí, tucán, quetzal, flamenco.

Quizás sea excesivo el gesto,
inútil pretensión para este

mi cacofónico cartón,
poema de la guarda, cacatúa.

SONORO BÁQUIRO, SILVESTRE COCHINO

Sonoro báquiro, silvestre cochino,
pequeño jabalí agresivo.
Desde hace milenios admiramos
tus temibles colmillos…

Ah, que tal dentadura se tuviera
para la feroz defensa de la prole:
pocas palabras ciertas,
incisivas, sustantivas.

… Y NO POR PEREGRINA CAMINANTE SIN SANTO NI CAMINO

… y no por peregrina caminante sin santo ni camino
vieira volandeira zamburiña
bivalvo silente es tu poema

sin seña ni sentido ni siquiera adorno torpe remedo
de su majestad cantante
blanca ballena …

MEDIA FRASE QUE NO VERSO

Media frase que no verso,
deslavado azul o cielo incierto,
también algo con cangrejo,
quizás sepia, pez u otro parecido.

Creí entender. Había soñado bajo agua
y la huida hacia adelante terminó
en el malecón intimidante
de la noche sin luz sin luna,

que me dijo: ¡Tranquila!
Es mejor esperar la esperanza
tú y yo escondidas
entre débiles fluorescencias,
calamares y algas marinas.

AVE TALISMÁN, BÚHO, LECHUZA

Que amanezcan blanquecinas
palabras cubran bosques en cenizas
perezcan las falsas memorias

huracanes limpien los cartones salpicados
de los sueños ilusiones
las mentiras.

Pero que también la noche tenga
su búho
y su lechuza:

Búhos y lechuzas
hablan de sabiduría y suerte,
o desgracia y maldición,

escribe una autora norteamericana.
Pero otra, en la Amazonia, dice:
la presencia de uno encanta el paisaje.

Quizás aquí nos perdone,
nos proteja, como antes,
ave talismán, Atenea.

TAMBIÉN AQUÍ EN MADRID

También aquí en Madrid

el calor se rompe de repente
con un cielo enceguecido
y al segundo
el estruendo aterrador
de un trueno:
¿creías que estabas

penoso caracol

a buen resguardo?

MÁSCARA DE CHIVO: NO TIENES OJOS

Máscara de chivo: no tienes ojos,
ni empozas almas ansiosas.
Nada transparente hay
en tus balidos.

Ansiedad no dice alma.
En verdad casi nunca revela
sentido, pasado,
animal alguno.

Cierto. Mejor
entonces lo dudoso,
zigzag presente,
murciélago Rilke,

poema.

QUE CALMA SEAS, POESÍA

Que calma seas, poesía,
y tu paso ligero roce
el incierto
sentido.

No vaya a ser que quiera
al revés poner mis palabras,
morrocoya conchuda,
patas arriba.

VIDA ARDILLA

La vida dura.
Y zas, pensé:

Eso.
No por su dureza

es menos vida
y más que muerte.

Y dura. Perdura.
El blanco esconde

la semilla. Astuta
la ardilla y precavida

sabe de futuras
hermosuras.

EN ESTOS SERES VEÍAS

...los huesos nos reducen a nuestra condición de animales, nos despersonalizan. Nos devuelven a todos al mínimo común denominador de vertebrados. Y eso es lo que quiere cualquier genocida.

Alfredo González Ruibal

En estos seres veías

una forma de abstracción
figurada,
un blanco y negro
matizado.

Ahora matiz y figura
llevada hasta el hueso
hace de la belleza
lo casi extinto y

animal y humano.

LA RISA DEL COCODRILO

De niña me fascinaban los cocodrilos, sonrientes.
Después vi uno enorme en un hato, de Apure, hoy
destruido.

Y no por pantano, no por miasma o por peste de vago
espanto.
Y así, prefiero la risa, más que lágrimas o blancas mentiras:

avisa con todos sus dientes: ¡peligro! y deja ver desde la
distancia
la crueldad de lo sucedido.

CORRAL O TEORÍA METAFÓRICA

Abrióse una fisura entonces
a la mirada dentro:

hablaba de la poesía y
de la conciencia en imagen

y palabra. Sus metáforas,
traduje luego,

correteaban en ese mi corral
grisáceo de nobles animales

de plomo,
simple poema.

EN EL JARDÍN DEL ABUELO

tuviste un doble de mejor canto,
¿jilguero o mirlo? apenas audible
detrás del familiar barullo.

Tuviste otro en un buitre
de paciente estampa
junto a la cloaca detrás del hogar.

Uno recuerdas agresivo,
temible tucán color pico,
desafiante al graznar.

También uno, alcatraz infante
pelícano poema a ras de agua
ya ausente y lejos del mar.

BALLENAS

Carga enorme y maldición
me sea toda infancia
si no intento llenar
los blancos más vacíos.

¿Quizás con cantos
más graves?
No de sirenas
sino de sus magníficas

antepasadas
inmensas
cantarinas.

«BUSQUEMOS UN ATAJO», LE DIJE A LA POESÍA

«Busquemos un atajo», le dije a la poesía.

«Si los amigos se han derrumbado,
él podría sacarnos de la blanca duda,
liberar formas, asegurarle voz al verso
y paso a paso, y con un fiel,
salimos de esta».

«¿Y si el pájaro poema
queda agonizando
en la abisal, inarticulada,
angustia vacía?»

me dijo ella.

Y QUIZÁS FUERA DE LA BELLEZA

Le di la palabra o dejé paso a un pequeño erizo, una cría de erizo, quizás, ante la cuestión: ¿Qué es la poesía?

Jacques Derrida

Pues el pensamiento del animal, si lo hay, depende de la poesía…
Es la diferencia entre un saber filosófico y un pensamiento poético.

También Derrida

Y quizás fuera de la belleza
de la espina la lección,
si no de esta, de otras,
dejadas por erizos de paso
por sus desiertos caminos.

TUS TIEMPOS Y LOS DE OTROS

Tus tiempos y los de otros
—animalita— no coinciden

Aprende a nadar en lo inmenso,
mínima dejarte y sostenida,

que te vean el grande mar,
sus gigantes flotando:

delfín sea contigo.

DARLE AL PADRE POR LA FRENTE

Darle al padre por la frente
—que no por la sien—
ver los tantísimos muertos
ocultos en su memoria oscura
sería cuestión de una vaca
con cascos firmes pero no fatales.

En un sueño, creo,
yo era la vaca porque recordé:
res non verba,
que en un chiste para hacer reír
a mi anciano padre, traducía:
la vaca no habla.

Y LENTAMENTE LEONES EN PRUDENTE LEJANÍA

Y lentamente leones en prudente lejanía,
apenas visibles dormitaban unos,
otros ya escrutaban,

estaba cayendo la tarde y la laguna cercana.

No así tú, incauta oveja, ahora, citadina.
¿Cuánto te queda de laguna o país
y acabará raudo tu incauto poema?

COMO HOY ES DIFERENTE Y MI YO MÁS INCIERTO

Mira hacia afuera, no mires atrás.
Se hunde una si siempre se va al fondo.

Friedrich Nietzsche

Como hoy es diferente y mi yo más incierto
busco el libro de la abuela Salomón
con sus cantos y acuarelas.

No recordaba esos comienzos,
¿no quería recordar? Como decía Nietzsche
(justo él): no es bueno volver,

se hunde una en el pasado, o peor futuro,
el horror apenas dicho de destinos familiares:
¿será esto anticuerpo a la ponzoña de escorpión?

¿La fugaz mirada, la incierta,
la palabra pasajera, abierta,
puntual?

ZOON POLITIKÓN

¿Cuál sería mi más propio adjetivo si pasan los años y
mis palabras vagan por mares diversos?

¿Decir lobo, león, elefante o también vaca, sirena, raya,
pájaro en prosa cambia tanto si el sustantivo lleva
un adjetivo?

Pero entonces digo: Lobo de mar, león, elefante marino,
manatí sirena, mácula manta, pedestre pingüino.

Más que decir mujer de género u oficio o lenguas varias
debería comenzar de nuevo por el sustantivo.

Es que no es fácil precisar lo animal de la identidad sin
adjetivo.

Postdata:
Pausada nada la tortuga, ojalá sepa regresar a su playa, su
infancia o poema.

VELOCÍSIMOS VENCEJOS ¿GOLONDRINAS? NO

Velocísimos vencejos ¿golondrinas? No,
vencejos surcan entre casas, calles,
elevan agudas sus voces.

Pero no es cuestión de un sí un no.
Ahora. Recuerda el vuelo rayo,
de los murciélagos

perros ¿zorros? Voladores. Si,
maniobrando en varias dimensiones
con inaudible destreza.

Mamíferos reservorio
de patógenos zoonóticos,
de varios virus. ¿Sí o no?

Pero también chinas son sus bendiciones:
larga vida, salud, riqueza,
virtuoso amor, pacífica muerte.

Y en Tonga eran sagrados,
vitales poemas para seres
solos y silentes.

EN LA RED APARECIERON DOS IMÁGENES

En la red aparecieron dos imágenes:
una rana azulada, sí, azulada, en una rama,
miraba una mariposa negra naranja
de frente posada.

Otra, la rana coronada por la mariposa.
En la red las asocian con el cuento de hada.
¿Pero quiso la mariposa ser feliz cuento:

evitar la lengua pegajosa y ser tragada,
por el sapo azul,
príncipe con humillante corona?

PINGÜINO TALISMÁN

Contracoloración, contrasombreado, contrasombra
o ley de Thayer es una forma de camuflaje, un patrón
de coloración en el que la pigmentación de un animal
es más oscura en la parte superior y más clara en la parte
inferior del cuerpo. Este patrón se encuentra en muchas
especies de mamíferos, reptiles, aves y peces, y ha existido,
por lo menos, desde el Cretáceo.

Y el pingüino patagónico la tiene.
Vimos dos, saludándose a aletazos, en la península Valdés,
llamada Kawa-Tsün en la extinta lengua tehuelche.

Como precepto o talismán sería perfecto para un afecto
o poema:
una contra a la sombra superior
y camuflaje con aletas de verso y figura.

VERSIÓN PARA M. DEL *TORSO ARCAICO DE APOLO* DE RILKE

…
Su torso arde aun, un candelabro
en el que su mirar, tórnase adentro

se mantiene, brilla…

Forma ardiente como tantas velas,
que guarda un ver brillante, concentrado.
Una piedra rota, sí, pero centelleante,
un leopardo de las nieves,
que salta de borde en borde,
supera abismos, como un sol:
la superficie toda, mármol de fondo
que a ti te mira.
¿Ves?
Tienes que cambiar
tu vida.

¿QUE LA ENTROPÍA, ME DIJISTE?

¿Que la entropía, me dijiste?
Eso. Grave peso, pesadumbre.

Entendida como un desorden
que aumenta con el paso del tiempo.

Distante de lo leve, salamandra,
identidad en fuga

de furia
y de fuego.

BUBO BUBO

Bubo bubo
Grande es su repertorio,
buho buho buho llama el macho cortejando
y ella contesta u-hu u-hu u-hu
y también en fluido glissando *buhju buhju y ujo ujo*
o cuando es cuestión de mostrar el nido a la pareja
gu.dugg-gu.dugg-gu.dugg quedo gorgotea
acentuando la segunda sílaba,
parecido a la oferta de comida de la hembra
dugge-dugge dugge-dugge a los polluelos
o también glugg-gluggglugg-gluggglugg-glugg.
Estos piden bajito chnää chnää chnää chnää
pero al crecer es más un áspero y sibilante
chau chau chau chau o chtscht chtscht chtscht
y puede oírse muy lejos y por largas horas.

Nada de esto,
por supuesto,
es traducible.

Si nos llamáramos
con ululantes cantos
¿cuáles nombres
nos convocarían?

Y si en cartón escribimos
de cortejos o comidas,
quejas o suspiros,
¿qué poemas
rimarían con nido,
nuda vida?

Rilke hablaba de lo abierto.
¿Sería lo blanco su nombre?
¿O palabra niña, apenas,
audible vuelo, *glissando*?

POCA MONTA

Poca monta,

¿cuánto en verso?
y otra idea peregrina

¿qué vale una identidad
incierta, pareada,

consuelo en céntimos
con pájaro en mano

y no volando?
¿En verdad es

sabia
la senectud?

Silente es el vuelo,
la cierta, sola lechuza.

QUE LA RAZÓN, CUANDO SUEÑA MIRA MONSTRUOS, ES DE GOYA

Que la razón, cuando sueña mira monstruos, es de Goya.
Que —podría deducirse— la vigilia es su deber, por ende

insomne sería el mejor artista.
¿En el aguafuerte?

Tras la incómoda postura
murciélagos, lechuzas, un atento gato

le guardan las espaldas
al agotado soñador.

Que la razón requiere de sueños o animales,
también es de Goya.

ALGÚN RATÓN RADIOACTIVO, CALLADO Y DISCRETO

El país en ruinas.
Persisten montes y ríos.
En la ciudad verdea la primavera.
Flores reparten lágrimas por nosotros,
un grito de ave nos sobresalta con todas las separaciones.

Du Fu

Algún ratón radioactivo, callado y discreto,
se esconderá entre ruinas futuras.

Las hormigas, como siempre,
seguirán la ruta de sus amigas.

Solo la basura sin rima hablará
por nosotros.

NI SIQUIERA

Ni siquiera

ahora me es fácil
distinguir el llanto de un bebe
del llamado de un gato en la calle.

Apenas recién creo entender algo
de la primera infancia y un poco
de lo fraterno, lo tan ansiado,
lo animal si poema.

EPÍLOGO

No tengo muchas esperanzas de que la Tierra pueda seguir como lo fue en mi infancia.
Ha cambiado tanto. Pero pienso que si perdemos la conexión con el mundo natural olvidaremos que somos animales, que necesitamos a la Tierra.

MARY OLIVER

La evolución es la historia de una gran extinción. Pensamos muchas veces en la evolución como un cambio sin fin, como la transformación de unas especies en otras. En realidad, lo que ocurre en la evolución, y es algo que vemos muy claramente en los homínidos, es que la vida trata de adaptarse de todas las formas posibles a diferentes condiciones, pero al final la mayoría de las especies desaparecen. Es cierto que hay esponjas o tiburones que no han cambiado desde hace muchísimo tiempo. Pero, y es una palabra que no me entusiasma, especies más elaboradas tienen una duración bastante corta.

JEAN-JACQUES HUBLIN

AGRADECIMIENTOS

Agradezco profundamente a Noni Benegas y Berta Piñán por animarme a participar en la convocatoria al XXV Premio Casa de América de Poesía Americana, a Marina Gasparini Lagrange por su siempre atenta, generosa lectura de estos y mis anteriores poemas.

ÍNDICE

Esta primera edición de *Lo animal si poema* se acabó
de imprimir en Madrid el 4 de enero de 2026,
sexagésimo aniversario del fallecimiento
de Albert Camus en Villeblevin, Francia.